Cris Landa

Caroço de acerola

 TEMPORADA

Copyright © 2021 by Editora Letramento
Copyright © 2021 by Cris Landa

Diretor Editorial | Gustavo Abreu
Diretor Administrativo | Júnior Gaudereto
Diretor Financeiro | Cláudio Macedo
Logística | Vinícius Santiago
Comunicação e Marketing | Giulia Staar
Assistente Editorial | Matteos Moreno e Sarah Júlia Guerra
Designer Editorial | Gustavo Zeferino e Luís Otávio Ferreira
Capa | Sergio Ricardo
Revisão | Daniel Rodrigues Aurélio (Barn Editorial)
Diagramação | Renata Oliveira

Todos os direitos reservados.
Não é permitida a reprodução desta obra sem
aprovação do Grupo Editorial Letramento.

Dados Internacionais de Catalogação na Publicação (CIP) de acordo com ISBD

L253c	Landa, Cris
	Caroço de Acerola / Cris Landa. - Belo Horizonte : Letramento ; Temporada, 2021.
	168 p. ; 14cm x 21cm.
	ISBN: 978-65-5932-043-1
	1. Literatura brasileira. 2. Poesia. 3. Fantasia. 4. Cotidiano. 5. Saudade. 6. Amor. 7. Identidade. 8. Medo. 9. Felicidade. 10. Gentileza. 11. Sentimento. 12. Reflexão. 13. Ficção. I. Título.
	CDD 869.1
2021-1932	CDU 821.111(73)-1

Elaborado por Vagner Rodolfo da Silva - CRB-8/9410

Índice para catálogo sistemático:
1. Literatura brasileira : Poesia 869.1
2. Literatura brasileira : Poesia 821.111(73)-1

Belo Horizonte - MG
Rua Magnólia, 1086
Bairro Caiçara
CEP 30770-020
Fone 31 3327-5771
contato@editoraletramento.com.br
editoraletramento.com.br
casadodireito.com

Escrevo pra você, que talvez
esteja do outro lado do
mundo
ou do outro lado da rua.

Melhor avisar de uma vez

Peço licença, estimada desconhecida, para dividir contigo o risco incontornável do delírio que guarda este livro. As palavras enfileiradas a seguir não escondem qualquer segredo, lamento, mas teimaram inventar, em conjunto, uma coleção de ideias que podem soar absurdas de tão ingênuas ou ridículas de tão pacatas. E não farei o esforço tolo de contestá-las — há de ser de minha inteira responsabilidade. Meu carinho é historicamente maior pelas coisas que não existem, e creio que há alguma lucidez em funcionar assim. Diária e voluntariamente, estendo sobre o planeta um lençol com mais flor, mais colo e mais riso que de costume, e vivo os momentos como se fosse este o desenho original do universo. Mais gentil, mais corajoso e incrivelmente mais verdadeiro. Com sorte, portanto, estas ideias agora compartilhadas talvez tornem mais doce até uma acerola — ou mais precioso um simples caroço.

viver é pura arte
estar vivo é pura sorte

todo mundo um dia descobre
se é artista ou só sortudo.

a cabeça não para. ela devia parar?

—

nunca estive em outra cabeça pra saber como é lá.

—

mas não importa, acho que a cabeça devia parar sim.
triste que não deve existir sindicato pra essas coisas.

só vejo os porquês se os invento.
que a fundo, a gente é só inventar:
seria a melhor opção ao desespero,
ou é mesmo só ela que há?

vi uma janela acesa no outro prédio e rezei pra que alguém ali estivesse escrevendo um livro que mudasse o mundo. ou lendo um que mudasse o seu. ou que pelo menos o domingo tivesse valido a pena. não deu tempo de descobrir – dormi antes da janela.

reparava no céu às sete, onze e às duas, se desse,

convicto de que de uma hora pra outra os conselhos
que eu queria (todos eles) surgiriam anotados lá no
alto azul – legíveis e didáticos, confiáveis e simpáticos,
possíveis e automáticos, passo a passo, numerados
em tópicos e subtópicos e subsubtópicos. sonho!

mas que bobagem!

nããão, bobagem, nãããо! olha aquele rastro
horizontal dos aviões no céu – idêntico a
uma pauta. havia de ser sobrescrito.

concluiu que não tinha, pois, nada de louco.
mais provável é que fosse sanidade demais.

Todas as vezes que o céu era frio, e eu me
encolhia imaginosamente buscando ir sumindo
os supérfluos – deixar só o necessário pra
sobreviver, sobrepensar ou sobressentir.

Todas as vezes que não entendo o quanto de vida
nos cabe ou o quanto de nós cabe à vida.

Todas as vezes que acho que o desenho sempre
esteve pronto ou que sou eu que desenho
ou que não tem desenho nenhum.

Todas as vezes que compartilhar pensamentos com
alguém me parece ser muito lógico – ou muito burro.

Todas as vezes que eu parava pra pensar em como
sempre fomos mestres em inventar palavras para
sentimentos pensamentos não-tão-legais-assim, sem
lembrar que teria sido melhor ter criado só as boas.

Todas as vezes que eu repetia numa frase o começo
da anterior, e parecia um manifesto mal escrito sobre
um bocado de coisas aleatórias que me cansariam
muito mais se estivessem mais organizadas.

Todas as vezes que eu não estava nem aí.

Todas as vezes que o mundo exigia resultados, retornos,
respostas, mas nunca me falou sobre a conclusão – por quê?

Todas as vezes que eu tentava entender isso, mas desistia
logo pra não chegar atrasado na faculdade magnífica
formadora de criaturas melhores para o universo
ninguém me perguntou se era isso que eu queria.

Todas as vezes que eu punha isso nessas sequências
ensinadas de letras, e isso não queria dizer nada.

Todas as vezes que eu desconfiava disso,
e não adiantava muita coisa.

Todas as vezes que o céu era frio e eu só
queria só agradecer pelo céu e pelo frio.

Todas as vezes que as pessoas repetiam no fim do texto a
frase do começo e isso gerava alguma expectativa acabou.

[oração pra não cair]

o Céu é meu chão:
eu piso e voo.

[oração pra não esquecer das coisas pequenas]

que eu acorde pelas coisas pequenas
que eu corra pelas coisas pequenas
que eu olhe pelas coisas pequenas
que eu ame pelas coisas pequenas
que eu viva pelas coisas pequenas

um abracinho, um passarinho, um minutinho,
um pedacinho, um sorrisinho, um colinho,

sou só um tantão de coisas pequenas juntas,

e na verdade nenhuma delas é pequena de verdade.

[oração pra não esquecer de seguir]

nem sempre levantar parece opção
pra quem cai. e aí, o que faz?

agradece, agradece, agradece. a ingratidão pesa o peito,
menino. caça a paz que inda te junta, e gruda nela,

que o rumo fino do teu coração sempre te ampara.
ah, se ampara. teu fundo é bom, moleque.
e bota na cabeça que é. só te falta ir.

vai, vai logo. toma no pulso teus cursos, que
de resto o alto cuida. não crê? põe então
teus olhos no céu, e pede. com força,

que a mãe – a do chão e do céu –, eita coração
que rala, rabisca todas as rotas pra teu pezinho
sem norte aguentar de pé. e você aguenta.

nada novo, filho. felicidade é dar raça. a casca é grossa
e a cabeça é dura. nunca vi herói ter pele de seda.

corre

corre daquilo que te morre mais rápido do
que o aos-poucos natural da vida
corre daquilo que te sobra
corre daquilo que te esconde

olha as estrelas no céu, poxa,
e olha o vazio entre as estrelas do céu.
é tanto tanto canto,

será mesmo cruel assim a física
e eu não poder estar em outro lugar?

corre corre corre

corre
mas lembra que correr,
tem vez,
é por os jarros no lugar.

Bem provável que, sabido do que tava inventando, Deus tenha se preocupado: e se a gente vicia em pensar e se esquece do resto? Teve então a ideia de fazer o coração bater, com vontade e barulho. Tique-taque? Muito mecânico. Tum tum? Gostou. Alguém ponderou que talvez com essa medida a gente acabasse era se encantando com o som e sentindo até demais. Ah, mas foi justamente aí que Ele teve certeza de que não tinha coisa melhor a fazer.

talvez minha bússola pareça um pião
talvez minhas notícias falem de dragões
talvez minhas estradas sejam de giz

o talvez é a cara mais diplomática do impossível.

a janela é reta
o prédio é reto
o livro o dinheiro o elevador
e o documento de identidade.
mas a gente é torto
e sente ruim.
bobagem
que até o rio é torto e chega
no mar.

certo
torto é o reto.

na dúvida, acredita.
vida requer mais fé que certeza.

perguntei a um homem velho

– que há depois do coração?

abriu um sorriso inteiro
bateu a mão em minhas costas
falou firme

– que minha vida seja pequena demais pra descobrir.

[eu tenho uma teimosia revolucionária 01]

pra curar o cruel que era o mundo

o amor era a rota mais certa
e a arte a rota mais curta.

não tinha pressa, então amei
e escrevi,
que eu também não quis atrasar.

vai! ser torto na vida

a chuva caiu torta,
a barba ficou torta,
as certezas já sempre o são.

e a felicidade tá mais pra um ziguezague
não acho nem rastro de retidão.

atualmente, tinha mais sono do que razão. e achava um absurdo que não valessem a mesma coisa.

pus meu colchão direto no piso do quarto
pra ver se acabava com os monstros
que cabiam debaixo da cama.

agora eles dormem comigo no colchão.

O mundo é assustador, e eu teimava que não.
1. Não tinha colo de vó. Num sabia nem
que era permitido não ter vó.
2. O deus dos adultos era um gráfico exponencial,
enquanto eu insistia que o meu era um anjo da guarda.
3. Lágrima era coisa proibida em horário comercial,
e nas telas só os sorrisos vendiam bem.
4. Inventavam mapas super inteligentes,
mas todo mundo continuava perdido. Então
não sei se funcionavam bem assim.
5. Sentir só era legal se desse dinheiro
ou se não atrapalhasse.
6. Amor eu às vezes tinha medo de que
fosse só uma história (boa).

Felicidade virou fruta de estação. Podia dar na Primavera.

Tinha o travesseiro, o cabelo cheiroso depois do banho, as panelas no fogão, a garrafa de água fria, o livro na cabeceira, o emprego, um vento fresco no quarto, um pedaço de chocolate, sessenta e sete preocupações, alguns sonhos, e todos os problemas chatíssimos de sempre. Tudo bem, estava bem. Minha sorte era que toda poesia insistia em gratidão.

tem hora que é tão difícil
caber no mundo,
já sentiu isso?

(geralmente em dia de semana)
que eu até chego a imaginar
que alguém errou um cálculo
sobre o tamanho do planeta.

talvez os astronautas ficaram
muito emocionados e acabaram
exagerando.

ou então é só que eu tô gordo
(mas não era pra tanto, será?)

sonha, menino
que sonhar não pede certeza
(e certeza te endoidece, num é?)
deixa
que a realidade vive
mesmo sem todas as suas respostas
e olha que um dia elas podem prestar

sonha
como se fosse uma reza
sonha com gosto
sonha estupidamente
sonho é poesia disfarçada
uma hora vai rimar.

olha que eu mato o futuro se ele aparecer disfarçado de agora.

devedor

devia ser
devia ir
devia saber
devia rir

devia tanto
que nem daria mais conta de tudo

então largou de dever
e foi viver o que queria.

ser criança foi a coisa mais adulta que a gente já fez.

o mundo é muito grande
e gente grande nunca funciona muito bem.

poeta de mentira:
não tinha rima
nem no verso.

tentou ser bom, agradou.
tentou ser gentil, obedeceu.
tentou ser simpático, mentiu.
tentou ser rápido, atropelou.
tentou ser paciente, aceitou.
tentou ser forte, brigou.
tentou ser feliz, sumiu.
tentou ser outro,
não deu.

a gente é livre
pra ser livre e
pra também não ser.

eu queria ser livre
só pra ser.

tenho medo do médio
e meio tédio do medo.

se essa rua fosse minha,
toda esquina ia rimar.

quase vivia
quase decidia
quase arriscava
e quase não fazia nada.

acreditar pode ser um erro,
mas acredito que não.

minha poesia era
roxa de fria,
vermelha de vergonha e
verde de verde mesmo,
que eu inda custava amadurecer

– poesia é cor ou coração?

Fica vivo!
Fica fino!
Fica riso!
Fica rico!
Não
fico.
Alguém leva o mundo, que eu quero ficar.

Esgotava resgatava engasgava gaguejava as rimas logo todas de uma vez. A inspiração podia acabar antes do fim da primeira estrofe. Talvez por isso também escrevesse os versos todos juntos, um atrás do outro. O mundo andava muito suado pra se desperdiçar espaço com quebra de parágrafo.

infinito.

meus olhos não tinham a mesma alegria de viver à procura de algo tão gigante que desafiasse a eterna dúvida entre ser mais um ou ser diferente de tudo aquilo que li nos livros didáticos penetras da seção de ficção da livraria em que me perdia quando não tinha nenhum filme bom pra ver e parecia cedo demais pra voltar pra casa e retomar todas aquelas reflexões pouco saudáveis sobre o que é mesmo que faria meus olhos voltarem a ter aquela mesma alegria de viver à procura de não andar mais em círculos.

Tem dia que meu mundo é a imensidão
e eu ainda sou muito pequeno.

Tem dia que meu mundo é um caroço de acerola
e aí eu talvez seja até já grande demais.

No resto dos dias meu mundo é do tamanho
do seu – mas é raro isso acontecer.

Ela dizia "fica bem", e era como se lhe falasse pra se tornar um astronauta ou resolver o aquecimento global. Ele não sabia se tinha nascido pra coisa tão grande.

Procurava uma luminária pra por dentro da cabeça e esclarecer certas ideias. Não, talvez melhor uma gaveta, daí eu só as organizasse. Nada. Libriano e louco, larguei luz e gaveta. Hoje vivo com um liquidificador.

Nasci pros cantos e pras beiradas. Ah, eu vivo feliz nas brechas!
A imensidão tem muito vazio pro meu gosto.

Os mares talvez fossem feitos das lágrimas de quem já tentou abraçar o mundo e falhou.

e como não podiam desejar que todos os
amores os quereres os devires os poderes
fossem assim tão imperfeitos, pouco direitos,
assim meio falhados no meio,
feito aquelas calças jeans que tem um
pedaço rasgado e é de propósito.
e no mundo inteiro, o que é que não era assim?
de perfeita já basta a ideia de perfeição. o resto, não.

O 2101 era o ônibus com mais senhorinhos e senhorinhas que eu já tinha visto. Nos bancos amarelos, os poucos cabelos brancos sempre escovados, as boinas de vô, as blusinhas de seda e os envelopes de exames na mão. Sempre ficava algum em pé antes da catraca, e eu sentia que os que passavam pro fundo do ônibus se sentiam mais jovens.

Deixa, Cecília,
Põe tua ansiedade pra lá.
Tua reza não segura o barco.
Só te ensina a nadar.

Ela arranjava fita adesiva pra colar uma dúzia de pétalas coloridas nas bochechas
e parecer feliz.

Riram dela os que faziam o mesmo.

As pétalas só eram outras.

Eu achava calma nos jardins, nos seus olhos
e nas madrugadas. Mas se o sol nasceu e
as flores não? Bem, tem tu. Tô bem.

A Deus

É, Deus, eu costumo conversar rápido contigo, toda noite e toda manhã, mas hoje resolvi te escrever uma carta. Me soa mais sério, me exige mais letras e me faz lembrar que cê é um amigo, a quem eu posso escrever uma carta, perguntar como tá, mandar notícias daqui.

Que bagunça, meu caro, que bagunça. Notei que você tem dobrado o número de flores dos meus caminhos e de estrelas do meu céu, pra ver se me acalma. Até os versos você tem feito saírem mais fácil, e eu fico bem grato.

Os bilhetes que te deixo na porta do armário têm sido fundamentais, te juro. Coração tá aguentando, frágil mas firme. Não sei o que seria dos dias sem aquele sorriso que me ensinou a fazer antes de sair de casa. Meus lábios às vezes não entendem, quase resistem, mas logo passa. Os dentes se ajeitam no riso, e convenço braços, mãos e pernas de que anda tudo em paz. É cruel, mas útil, não acha?

As lágrimas, ô, Deus, tantas, não? Meus olhos já se perdem em tanto banho. Falta ainda muito o que lavar, que mal lhe pergunte? Eu sei, me disse uma vez que aquietasse tanta ansiedade. Aquietei, mas agora ela teima em cantarolar, me provocando até que eu lhe dê algo novo em que pensar.

Antes que eu termine a carta só em lamentos, te agradeço pela lua da semana passada e por teimar comigo que amor é um trem gigante.

Prometo ser menos ranzinza na próxima.

Amém.

PS: Usei "ranzinza" só no contexto da carta. Fique tranquilo, não costumo dizer no dia a dia.

Assentava a cabeça no canto bom do travesseiro e fazia o sinal da cruz, rezando pra que a Nossa Senhora das Segundas-Feiras cuidasse do despertador. Em breve ia ver se mais forte era o sono ou a santa. E dormiu.

O poeta exagerado se afogou em lágrimas.
Uma pena.
Seus problemas não eram solúveis em água.
Nem em nada.

Vem

E eu que te esperasse na porta.
E vai que tu num chega.
Vai que te mete numa rede debaixo da varanda, e fica. Eu talvez ficasse.
Ainda espero.
A lua chega no mais alto, e nada de tu.
Inda vem?
Descobri que minha felicidade é atrasada ou preguiçosa. Ou os dois.
Mas faz mal não.
Espero.

sentia e sentia e sentia e sentia e sentia
e às vezes escrevia
pra ver se se corrigia
e o verbo podia mudar.

mas sentia e sentia e sentia e sentia e sentia
que não, não podia.

Achei que a felicidade tava escondida atrás dos sábados. Ou das amoreiras carregadas. Ou das janelas que dão pro horizonte. Ou das praias. Ou dos brigadeiros com granulado crocante em vez daquele tradicional. Ou dos olhos-jabuticabas que Deus pôs pra me cuidar. Tava.

1

Respirou dois segundos mais lento; domou as esquivas (ignore, não faz tanto sentido; leia "lacunas") da felicidade. Sai, sol!, sai, flor! Não supôs que o ouvissem - creio eu -, mas a ansiedade era muita pra que virasse o dia amanhecesse novo em folha branca pronta pra anotar.

2

E anotaaava, anotava, anotava. Muito sem eira, nem beira, nem rumo. Sem outras coisas também, mas menos poéticas, como dinheiro e salada.

3

Havia uma irresponsabilidade deliciosa no ato criativo. E eu dava graças a Deus.

o caso do herói errado
queria salvar o mundo dos outros
e que os outros salvassem o seu.
deu errado, claro.

As andorinhas e as lágrimas tratariam de cantar religiosamente antes de se por o dia.

Instaurados os pretextos, ia na memória caçar outros oportunos que viessem virgular as lamúrias. Claro, reclamar de pouco era imbecil e pouco econômico. Gasta lá logo todas as chaturas do dia, e chega.

Derramava, pois, as chagas, todas mal dobradas, engasgadas, e o alívio mais claro vinha dos soluços curtos que o chorar provia. Os dissabores saíam aos poucos, a água dos olhos os dissolvia em sal.

Pronto, logo murchava a marcha das gotas e se reaquietava no mesmo rumo. Era como se caminhassem o corpo bêbado e a cabeça sã. A coisa se ajeita.

Tinha lá uns medos bem sumidos debaixo do riso bom que sabia dar. Tinha lá os olhos puxados pra baixo atrás do vidro embaçado dos óculos. Tinha lá as muitas manias e jeitos e erros e você me fazia caber tudo entre seu ombro e sua cabeça pendendo pra minha. Acalmava, e eu não conhecia como estar mais completo.

Os melhores sonhos começam depois do despertador.

A senhorinha na rua parecia sofrida já às sete da manhã. Carregava mais sacolas do que tinha de braços. Vestia uma bonita longa saia estampada e virou a esquina da avenida com alguma pressa.

Escrevo pra você, que talvez esteja do outro
lado do mundo, ou do outro lado da rua.

Escrevo pra falar que eu não tenho ideia do seu nome,
da cor dos seus olhos, do que te deixa feliz, do que é
que te faz chorar, mas que talvez eu gostasse de saber.
Por curiosidade, por loucura, por fútil imaginação
enquanto adio aqui as minhas responsabilidades.

Escrevo pra você que nem me lê. Nem me
conhece. Nem sabe que existo. Mentira, talvez
você saiba que tem quase dez bilhões de pessoas
desconhecidas no mundo, e, portanto, no meio
delas, há eu. Mas isso não te faz me conhecer.

Escrevo numa claustrofobia social de estar num redor lotado
de gente, mesmo que me bastem meios por cento delas.

Escrevo porque sei do mesmo quase-dez-bilhões-de-pessoas
e isso não me faz menos sozinho.

Escrevo na pretensão de, ao dizer o que tenho
dito, poupar-me da surpresa de outro dia pensar
na mesma giganteza do mundo e me agoniar.

Certo, isso não vai funcionar.

Escora a cabeça,
Tomba o ombro contra o meu,
Esquece.
Escuta as sílabas boas e as ansiosas.
Es-cu-ta.
Palavra é pouco pra coração falar.

Não tem nada mais pessimista que a coincidência das desventuras.

E nada mais corajoso que permanecer otimista em coincidentemente todas as mesmas desventuras.

Não queria mais as segundas-feiras nem as terças-feiras ou as próximas feiras. Começou a achar que não era forte, que não era firme. Besteira, só não era um bom feirante.

rimar, mar e amar eram românticos,
teimar também devia então ser.

o abraço tinha sido tão preciso, que agradeceu:
– muito abrigado!
e não era erro de digitação.

– Quis ditar as curvas que ia curvar. Achou que adiantava ensaio, quis fazer plano, inté!

– E num adianta?

– Bobagem. O amanhã é bicho vivido, meu irmão. Num te gaste em tremer as pernas.

– E se tremer, que faz?

– Só vai. A gente só se apronta no caminho. Ou eu é que perdi o tempo, ou é certo que te conto: vida é ter calma e até ter pressa, só num é trem de ficar pronto.

Pensar pesava um peso enorme.

Chegava a ser gordo de tanto pensar.

Estar muito no chão me fazia esquecer o céu. Eu preferia esquecer o chão.

A qualquer desavisado, ou distraído como eu, a cidade à noite era um belo aterro de estrelas. E eu juro que acabei de ver uma delas caindo pra se tornar luz do poste na rua de baixo.

◆ **10 coisas que eu achei** ◆

– e que eu acho que você pode acabar lendo mesmo que seja uma perda de tempo.

1 ◆ Eu achei que ia poder perguntar umas coisas ao mundo, mas aí o mundo que começou a me pedir respostas. Mesmo sem eu levantar o dedo pra responder. Nem sabia que isso era permitido.

2 ◆ Eu já achei que discordar era sempre errado. Depois achei que concordar era o errado. Hoje eu não acho nada, e espero que agora eu esteja certo.

3 ◆ Eu achei que fosse legal ser mais apaixonado pelo desconhecido que pelo que eu já conheço. Mas aí achei que na verdade isso é ingrato com tudo de bonito que eu já tinha conhecido. Vou me apaixonar mais pelo mundo que já conheço.

4 ◆ Eu achei que viver carregando uma âncora era bom porque era seguro, mas na verdade era ruim porque pesava. Eu não quero mais carregar uma âncora. Espero que isso seja bom.

5 ◆ Eu achei que era difícil conseguir sorrir. Mas descobri que o difícil é sorrir sem precisar conseguir. E acho que a gente tá acostumado a precisar de coisa demais hoje em dia.

6 ♦ Eu achei que o menino de chinelo no cinema fosse passar frio mais tarde. E só achei mesmo, porque nem fiz nada pra me preocupar com ele depois que entreguei as moedas. Acho que eu nunca faço.

7 ♦ Eu achei que fosse achar bonito todas as coisas bonitas que eu visse. Aí vi que o mais bonito eu não via. Vi isso depois que as vitrines bonitas já não eram mais bonitas.

8 ♦ Eu achei que as palavras fossem o jeito mais fácil pra explicar as coisas. Hoje eu acho que elas são o jeito mais fácil de justamente não precisar explicar as coisas. Mas se precisar, prefiro os olhos, as mãos e os emojis.

9 ♦ Eu achei bem aqui perto alguém pra ficar bem aqui perto por bem mais tempo. E não sabia se isso era achismo ou achado. Mas acho que os dois.

10 ♦ Eu achei que tinha muita coisa difícil de entender. E que dez é um número legal. Ainda acho.

As palavras têm me abandonado. Pouco a pouco.
Com razão.

As palavras têm me abanado pouco.

As palavras têm razão.

– dizem elas, eu não.

Acreditar talvez não fosse a escolha mais óbvia. Mas era a mais bonita, e eu prefiro coisas bonitas do que óbvias.

eu era mais ansiedade que paz
eu era mais amor que a falta dele
eu era mais mediano que a média
eu era mais ou menos.

Usava cada oportunidade de poesia pra imitar aqueles passarinhos que cantam o tempo todo, fazendo espetáculo incondicionalmente, sem saber de nada do que se passa sob seus galhos. Ou talvez eles saibam de tudo e só sejam persistentes otimistas cabeças-duras insistentes demais em nos distrair. É, talvez eu me parecesse com esses passarinhos.

tenho saudade de jogar bola no recreio
tenho saudade de adorar comer abóbora
tenho saudade de assistir Scooby-Doo depois da aula
tenho saudade de quando li *Dom Casmurro* no 8º ano
tenho saudade de ver vovó no sofá no Natal em 2011

tenho saudade de umas coisas que nem lembro bem

e de outras coisas que eu lembro tão bem que dava muito bem pra terem continuado existindo aqui de verdade.

mas viraram saudade – e eu até que lido bem com elas (só fico triste às vezes)

Ele acreditava que, no fundo, viver era deixar e se queixar constantemente em amor – e, de fato, amar pode ser didaticamente completo e eventualmente repleto. Só que nem todos os dias tinham o romântico/hippie do amor-sobretudo. Amor ficava sendo no máximo como só o cheiro de pizza, mas sem pizza. Intangível, inviável, tristemente inoportuno. Tinha hora em que os problemas eram egoístas, o tédio era formigante e a intranquilidade era persistente. Era falta de ventilador, era coisa pra resolver, era dúvida sobre a segunda-feira. Era um viver mais pragmático que elegante. Seus olhos enxergavam só dentro do quarto, e aquele bonito pertencer-ao-mundo-amar-a-humanidade não era prioridade. E aí o amor voltava ao saguão do museu de arte pós-pós-pós-contemporânea. Enquanto que, no prático físico tátil cotidianíssimo da vida, faltava-lhe uma versão de bolso ilustrada resumida recontada sei lá. Mas enfim, até que se lance essa outra edição, a pizza (se tangível e muita) costuma dar pro gasto.

Não era sempre que a razão estava certa. Não era certo que bastava ter razão. Tinha verdades que você achava verdades. E que eu não.

Tudo normal. Ruim e bom. A probabilidade parece vir trabalhando bem.

manifestinho da poesia responsável

pesa o coração nas palavras,
só pra não pesar na cabeça:

> pra que arte não seja supérflua,
> pra que os versos não sejam resmungos de primeiro mundo,
> pra que o risco/susto/medo do por-pra-fora não seja em vão (errar não é vão, é lindo).

e faz questão que cada letra seja responsável (contigo e com o resto) –

escrever sobre sentir é um compromisso inteiro com quem cê se divide.

> quem te lê não deslê depois, lembra disso;
> escreve sempre por/procê antes, tá? (palavra tem lar, e ela pode querer voltar pra casa)

que te acalme e te firme.

Foram poucos os passos desde a portaria bem iluminada do shopping até o breu sob a árvore grande da avenida deserta, em que duas garotinhas se balançavam nos cipós.

– Quer pendurar no balanço, moço?! – E elas diziam com um gosto de quem se divertia de verdade, imunes ao frio de que eu tanto me blindava.

Agradeci com um sorrisão gentil no rosto, e agora acho até que devia era ter aceitado.

No fim do quarteirão, como que em outro mundo, chutei de volta o limão que um menino de chinelos fazia de bola. Atrás dele, a família se escondia nas marquises, dentro dos poucos agasalhos.

O silêncio frio de uma rara Savassi vazia tornava impossível não ver e rever as incongruências notáveis dos quarteirões.

Mas estava tudo bem: daqui a pouco entro guardado sob meus cobertores e me esqueço do tanto que o mundo era muito complicado pra meus quaisquer esforços de poesia.

meu amor era caótico
meu saber era neurótico
meu decidir era problemático
e meu sorriso poético
era o único proparoxítono minimamente saudável.

útil

era como querer ser seu guarda-chuva
quando você já usava uma capa de chuva
e já tivesse parado de chover.

Um texto pra escrever a palavra "florirá"

Aos poucos, tô aceitando que escrever é só passatempo às vezes, nem sempre inspiração. Enquanto gente via filme, bebia, corria, lia, dormia, eu gostava de escrever. Lutar com as linhas vazias, sonhando com uma rima nova ou uma história que tivesse um final menos medíocre que o resto das histórias que eu já tinha tentado escrever. Ficava então de olho nas palavras que me interessavam, teimando pra não ligar se o mundo inteiro se desinteressasse por elas. "Florirá", li na missa hoje, e fiquei uns bons minutos repetindo pra mim. Era uma palavra que eu não conseguia imaginar alguém a dizendo com a cara fechada.

Legal, escrevi "medíocre" e "florirá" num texto, tô satisfeito por hoje. Vou ali escrever qualquer outra bobeira.

[No meio do caminho tinha eu chato]
Eu tava no meio de uma conversa
que eu não sabia conversar.
Eu tava no meio de uma música
que eu não sabia cantar.
Eu tava no meio de um mundo
que eu não sabia meu lugar.
Eu tava cansado daqui
mas eu não queria estar lá.
Eu tava no meio do caminho
que eu não sabia onde ia dar.
Eu tava no meio de uma poesia
que eu já nem queria rimar.

Eu caminhava fingindo a mais exata convicção de quem sabe aonde quer chegar. Acho que muita gente faz isso também.

Era a doutrinação desesperada das elegâncias, era a instituição outorgada das alegrias, era a obediência autoritária à lei da simpatia. Por gentileza, mundo, não pressuponha a felicidade que eu ainda procuro.

Eu nasci pra aprender muito, não pra saber de alguma coisa.

Não sei se me esperaria até que eu fosse mais histórias do que ideias. Aliás, não sei nem se eu seria.

Quando eu duvidava se eu sabia o que andava fazendo da vida, logo me aliviava ver os grandes cargos voando em círculo e batendo cabeça – umas nas outras –, gamificando a sobrevivência e comemorando as tabelas. Era muito antiquado me preocupar em viver?

Era meio artístico e meio burro o talento de
complicar. Meu talento, diziam entre as cortinas.
Mas soava elegante dar língua às letras, não?

Elegante e imoral, percebi. Minhas palavras
eram bem ensinadas e maleducadas.

Aprendi a estender as beiradas de toda
frase, e custei a ver. Obrigado, amor.

Pedi então que bastassem as palavras, juro, talvez
até fosse trauma de quando com oito ou nove anos
a professora exigia que eu escrevesse as respostas
completas sem que eu soubesse que nada era
completo e que nem precisava querer ser.

Monossilabicamente eu reservava saliva. Que na
primeira pedra no caminho eu desandaria a cuspir.

Um dia faço poema dessa verborragia. Ou mordo
a língua e rio – todo mundo ri mesmo.

Deixei os óculos em casa. Precisava da miopia
pra lembrar de ver o que tava perto.

Tinha a textura dos abacaxis no carrinho e a textura
das rugas nos velhinhos que andavam na chuva do
feriado. E eu seguia convicto de que, copiando-lhes
o hábito, eu podia furtar um pouco de sabedoria.

Mas suspeito que só lhes furtei o resfriado. Belo hábito.

Quando eu via neblina na serra, queria achar que alguma porção de anjos tinha descido em nuvens pra dormir mais perto da gente. Por preguiça ou esquecimento, o dia começou e eles se esqueceram de voltar pro céu. Mas eu nem via problema algum.

Tempo, hoje eu ia te pedir que esperasse.
Desse um tempo. Me desse um tempo.
Que eu só queria
Um tempo pra olhar
Um tempo pra esconder
Um tempo pra guardar
Um tempo pra saber que mesmo que
eu não soubesse de nada
Nada nada nada,
Eu precisava de um tempo... só pra isso.
Um tempo pra deitar
Um tempo pra me perder
Um tempo, sei lá, pra tentar escutar
O que eu que tô querendo dizer?
Ah, é, queria dizer que queria um tempo
Pra que mesmo?
Um tempo pra...
Ah, quero um tempo pra presente.
Que aí eu entrego de uma vez numa caixa bonita e ponto.
Eu não tinha precisão de saber
O que é que eu queria fazer.
Com um tempo que eu não tenho
E que nem sabia se ainda ia ter.
Aliás, eu não sabia nem se pedir um tempo
era coisa de requerimento ou de oração.
De todo jeito,
Mandei o pedido numa carta
E aí pensei: que aconteceu?

Eu chamava o tempo de louco
Mas agora ia eu pedir tempo ao tempo,
E só aí vi que o louco era eu.
Agora eu não tenho tempo nem resposta da carta.
E eu ainda imaginava mais quantos anos eu ia levar pra caçar saber o que é que eu tava fazendo com o Meu tempo durante esse tempo todo.
Eu não tinha ideia. Nem pressa.

Bento não sabia se a Felicidade tinha algum receio de conhecê-lo, ou se era ele que tinha de conhecê-la. Tinha dia em que os sabiás o culpavam, e Bento aprendera desde novo que não se podia contestar passarinhos.

Pois juntou flor e juntou chocolate. Esperou o dia mais ameno da primavera e correu ao por do sol mais encantador da cidade. Mamãe tinha uma foto sorridente num canto assim, e Bento imitou.

Mordeu o chocolate, ventou a brisa na nuca, perfumou de flor o lugar e foi pondo-se o sol sem pressas. Ouvia quietíssimo uma voz correr como lençol, e supôs que delirasse. Sua companhia eram só os sabiás, que gostavam de flor, de chocolate, de tarde ou de Bento.

E por fim deu-se que, por delírio, coincidência ou orgulho, ele conta até hoje que a empreitada funcionou certo e enfim conheceu Felicidade. Nem que fosse de fato delírio, tinha inventado uma boa réplica. Por pouco era feliz de verdade.

Tinha o corpo esguio e pernas se desajeitando pra caber sob o volante. A pela negra e o afinado do rosto no queixo lembravam o presidente americano, exceto pelos óculos discretos e o bigode fino e ordeiro, que dava até certo equilíbrio à expressão esticada com que conduzia o corpo e o ônibus. O cansaço aparecia nos fios brancos e nos franzidos da sobrancelha, mas nada que comprometesse a elegância com que trocava a marcha e repousava os dedos tamborilando sobre a perna. Inda levava um anel prateado num dos dedos. Só não soube descobrir o que ele levava por dentro. Mas ninguém sabe mesmo.

Tinha gente que andava rápido, gente que lia, gente com barba, gente com batom, gente com o rosto redondinho, gente com covinhas no rosto, gente com dois milímetros a mais ou a menos entre o nariz e a boca, gente que gostava de jiló, gente que não, gente que dirigia os ônibus da cidade, gente que parecia feliz, gente feliz que nem parecia feliz, gente que olhava pro chão e gente que até tropeçava de só andar olhando pro céu vendo se no alto tem gente olhando pra gente daqui de baixo e claro que tinha.

Estimava-se que dez em cada dez serumaninhos sabiam ser gentis fluentemente. Quem discordava era ruim em matemática. Ou muito ruim.

Pertencer era ter pra quem contar dos meus silêncios. E mesmo na falta de letra, de calma, de vê-la, ouvir resposta. Em letra, em alma, em tê-la. "Nem todo silêncio é calado" – aprendi nos teus olhos.

Ópera

O sinal da outra avenida abriu e tinha sobrado um resto de ônibus fechando o cruzamento. Algum inventivo motorista resolveu buzinar, e em poucos segundos evoluía a sinfonia das buzinas, pouco orquestrada mas aparentemente muito prazerosa aos músicos automobilísticos. Na calçada, uma senhora de saia marrom levou as mãos aos ouvidos e assistia boquiaberta, parecendo "O Grito". No caso, o grito vinha de fora e ela queria só o silêncio mesmo. Logo o ônibus avançou uns grandíssimos sete metros e suspenderam o musical.

Passou uma moça de amarelo fumando um cigarro. Aí outra moça de amarelo, mas sem cigarro e com um filho. Depois passou outra moça, sem amarelo, sem filho e sem cigarro, mas a cara da primeira moça. E havia quem discordasse de que gente era tudo igual e diferente ao mesmo tempo.

A gaveta bagunçada não tinha só papel ruim. Tinha muita coisa linda lá junto. O ruim era só estar bagunçado.

Que ótimo, pensou, a vida talvez também fosse meio assim.

Bipolar

Foi ficando mais sábio no manejo das suas chuvas. Ou eram só as músicas cada vez mais precisas em achar coro no seu amargo. Não que isso exigisse tanto. Droga, não se podia nem chorar em paz sem inventar poesia.

o belo não tá no que se olha,
mas no que se sabe sobre o que se vê.
e como do mundo eu sei pouco, escolhi:
vou superestimar as belezas,
que aí no lugar das certezas
eu lembro do mar e coloco você.

Apesar da arquitetura enguiçada dos meus mil futuros e o idealismo teimoso a cada largo de calçada que meus pés cobriam, eu acreditava piamente guardar comigo alguma muda dum tanto tangível de infinito. Inda que, vez ou outra, tipo agora, a incoerência dessa frase me provava só que só mesmo um colapso me salvaria da inexatidão, do insano ou da infelicidade.

A lua hoje era maior que todas as minhas preocupações (só depois eu lembrei que ela sempre é).

Encaixava esquisito os óculos escuros no rosto. Lá fora, atrás da lente vestida, o mundo tomava um amarelado vistoso que lembrava as histórias de infância que vovó contava (claro, eram todas amarelas, e tinham perfume de alfazema). A vida batida ensaiava então estar mais doce, e todo desafio ficava mais tenro. Dava gosto querer os dias mais amarelo-ouro – eu já os imaginava soando verdadeiros o bastante pra quando eu fosse o avô e as minhas histórias fossem sobre hoje.

– Sinto muito, nunca tenho razão.

Destilado

Fazia tempo que não arrecadava alegrias.
Adotei os dias de resmungo – amando.
Em rotina de máquina de costura, caminhei imperturbável, fugido.
Ora, piques de insanidade: ânsia de lonjura.
Noutras, desmaios de fraqueza: passos largados em soluços.

O coração mandava ir.
O pé direito de qualquer sorte minha era rastejante.
A ferida no calcanhar latejava a cada grão de poeira que o asfalto deixava de absorver.
Tudo, tudo era fé. Era crer no azul, azul de céu e azul de mar.
Fé. Mais por oportunismo que ideologia.

A alma já tinha fechado os olhos e tudo se alternava entre algo como flutuar e afogar.
Decidi afogar, decidi flutuar.
Esbarrei nos arrependimentos e nas iludidas bolhas de sabão.
Flagrei os ponteiros do relógio mais rápidos que o permitido.
Notei estrelas impacientes. Flores e borboletas com medo de nascer.

Mas no desinteresse por rumos, na preguiça das decisões, eu me deixava obedecer.
Respeitava o destino, imponderável, ácido, sim.
Satisfazia-me com a remuneração em pores do sol.

Alienado de sempre, eu sorria aos pássaros cantores, aos cachorros mansos e às crianças todas.
E na efemeridade entendi as alegrias.

Me fiz intacto largado de costas sobre o mar.
Achei o azul no alto, e me apaixonei pelo céu.
Era a única certeza de sorriso guardada.
Compaixão perene do infinito.
Lençol eterno de amor.

Vencido pela felicidade, agora eu era puro sorrisos e gritos e lágrimas.
Nada era profundo; não tinha oceano em que eu não desse pé.
Era eu nadando no céu liquefeito, e em paz.
Fui gratidão às demais misericórdias.
Um confidente todo à minha vida, graças a Deus.

Deixaria que
a poesia
a fotografia
a teimosia
a empatia
a alforria
a alegoria
a água fria
e todas aquelas vezes em que eu ria e você ria
me distraíssem da bagunça. Distraía.

A manhã tava tão preguiçosa que até o céu esqueceu de fazer nuvem. Ou lembrou, mas desistiu.

Despoesia

Arrastaria e gastaria as palavras parecidas apreciadas até desaparecidas como que organizasse uma festa de família entre as primas rimas, desobrigando todas elas de se portarem e se comportarem em verbos ou versos, certificando-as de que a liberdade era também muita muita poesia. Mas se lhes apetecesse, no entanto, fazer soneto, repente, música, de repente, pronto! eu daria um riso grande gigante garanto, e as chamaria aclamaria desacalmaria do mesmíssimo jeito: artistas!

Ela lhe dizia "até breve" e ele imaginava que Breve devia ser um lugar muito bonito.

mudou de canto os móveis do quarto
copiou nos enquantos estáveis do vidro
os encantos imóveis de um quadro:
um sorriso que combinava comigo.

Fui tomar banho no escuro, cacei a lua na fresta do vidro e encontrei um cantinho do céu. Como numa visita rasante desavisada de Deus, comecei a rir, feliz que os pedacinhos-cansaço da semana sempre vinham de mãos dadas a um cafuné um chocolate uma coincidência. A minha vida parecia ter gostado de maio.

minha felicidade nunca
foi só minha felicidade
minha felicidade nunca
foi só minha
minha felicidade nunca
foi só
minha felicidade nunca
se foi.

ela dizia que a gente andava muito sonhador.
– ah, de realidade já basta vivê-la, não?
e voltaram a sonhar.

partisse ao meio o dia ou ao meio-dia
partisse, não fazia a menor diferença
partisse, e era feito largar um e-mail nos rascunhos.

e como que desinteressasse a lógica; mesmo
certo ou errado fosse você partir,
partia.

eu nunca soube onde apagar a pasta de rascunho. nem quis.

te enxergava muito melhor com os olhos fechados.

tem hora que muito pouco do mundo funciona (aos nossos olhos críticos, ao menos, aos montes). tudo caótico, analgésico, problemático. ou então pleno infinito em branco demais. quando é que vais passar, velejar inconstante, maré sua egoísta, marejar bancando o crônico? some! mas sem saber, por ordem expressa do mundo, até nesse indetectável meio-de-caleidoscópio, estamos a só um atrito, um fósforo um escorregão uma sorte um pé e meio da próxima alguma felicidade. a esquina é sempre mais perto do que eu podia desconfiar. ou pelo menos podia estar lá. e eu preferia crer nisso.

E se me perguntassem como eu tô?
Menos eu soubesse, mais convicção (e paz) eu teria:
– Vivo, muito obrigado.
Mais certo que isso era tudo especulação.

Eu acreditava que a natureza funcionava como os brinquedos de Toy Story, e sempre que a gente virava o rosto, ela saía pra ir preparar o por do sol, arranjar as estrelas, checar a luz da lua, passar o som dos passarinhos. Ok, mentira, eu não acreditava nisso, mas ia ser bonito se fosse assim, num ia?

Ouviu dizer que os finais felizes não existiam. Mas os meios felizes, também não? Desconfiava que no fundo eram até mais importantes.

Se nem o céu consegue escolher se chove ou não, quem sou eu pra ousar ser uma pessoa decidida.

O mundo era tão bem pensado que até as sombras de manhã cedo ficavam deitadas.

niilirismo

menino cumprimentou o passarinho na praça: 'como vai?' ele respondeu como se dissesse 'vou voando', mas foi um assobio na verdade e o menino não entendeu quando o passarinho foi embora.

Cuidar lhe parecia um verbo tão especial, que era triste vê-lo virar só aviso "cuidado!" no vidro da estação.

Ir dormir parecia ser um trem corajoso – acordar nunca era uma certeza. Mas se bem que só a possibilidade de sonho bom já justificava essa coragem toda. Mentira, eu só ia dormir por sono mesmo.

Procrastinava desavergonhado no friozinho temporário da pré-tempestade enquanto pensava nessas forçadas palavras grandes só pra aproveitar qualquer poesia na sua preguiça.

"Cê tem razão." Ela corrigiu. "Cê tem coração." Aí ele riu e viu que concordar era mesmo bonito demais pra vir dum canto que não o peito.

Quase tropeçava os passos olhando no céu de manhã o sol ainda enviesado descobrindo a cidade por de cima da serra. As nuvens ainda eram só uma dúvida dispersa nos fios preguiçosos de branco, numa alternativa a deixar soberano e todo o céu de um azul ainda muito claro, que nem tinha escolhido seu tom. E por mais que eu preferisse o frio, era nesses indícios de dia quente fim de verão início de ano que eu me sentia mais certo de, de algum jeito, estar no lugar certo.

Cobiçava que, de tempos em tempos, as palavras o pegassem assim no colo e lhe fizessem o carinho que ele diariamente lhes fazia e ali enchessem até dos mimos desnecessários e lhe bagunçassem o cabelo, acariciassem os lisos fios finíssimos e depois pousassem uma das mãos sobre a dele. Trançariam os dedos e daria pra permanecer ali um par de horas. O rimar era feito ao contrário, mas a poesia, ah a poesia era exatamente a mesma.

Fosse obra dos linguistas, dos marqueteiros ou mesmo dos poetas, amor não soaria tão bem. Teriam inventado um trava-línguas, um plural ou uma rosa. Hoje amor é apelido fácil pro que faz bem, e tem vez que confunde com felicidade. Se bem que se confundam mesmo. É difícil existir um sozinho.

se poesia é inventar
vai aqui um inventário de "versos" juntados
que fiz hoje cedo,
mais por ócio que conveniência.

eles não têm sentido em serem versos, só se quebraram no meio e metade pulou pra linha de baixo pra ocupar espaço

não têm amor, que isso combina mais com olhar que com palavra

não têm rima, que isso já tem nas canções que a gente gosta de cantar

era pra ter doçura, mas não encontrei em mim pra por.

bom que fica um poema verossímil –
seco e sem graça.

As manhãs sempre lhe pareceram um esforço enorme do céu em entregar o máximo de azul e de claro e dar aquele empurrãozinho pra que a gente caminhe o resto do dia. Tirando o calor, que às vezes se esforça mais que o necessário, essa coisa de céu azul tem funcionado muito bem.

via no horizonte a fronteira do céu. a fronteira o limite o contorno o entorno o riscado tornado horizonte.

e ia a serra toda em volta se fazer de colo, ser leito deleite deitar todo o azul o amarelo o laranja o rosa e os brancos que os gizes arranhavam no alto.

horizonte era a beirada do que caía sem eira nem beira por cima da gente.

era a cerca entre céu e resto,
ponte entre teto e piso,
salto entre claro e fundo.

e ele e o mundo todo caminhava em cima do horizonte. carregava a vida do mais clara ao mais funda, do mais perto ao mais siso, do mais réu ao mais destro.

e aí lamentava o céu se acabar no horizonte. se remendar de só terra quando fosse a serra começar a descer.

por que não continuar infinito? inseparado? intromissível? seria mesmo impossível deixá-lo por inteiro, ó, céus?

mas é que céu não termina.
contamina, dissemina, elimina, mina, raia, trova, neva. só não termina.

o que a serra, pois, faz é partir um pedaço do bolo e dar aos nossos olhos comer, que nem eles dariam conta de um céu todo.
é, céu claro inteiro só cabe em coração. bem, no meu cabe, acho.

Manual

Agonia era uma prateleira lotada de palavras, e ele encarando todas sem saber escolher colher recolher acolher quaisquer delas que pusessem pra fora as lágrimas que ele não sabia chorar. Alguém lhe dissera uma vez que um grito servia, e ainda nem gastaria com palavra. Mas no seu quarto, gritar não ficava à vontade. Ele caçava era letras. As mais artistas. As que falassem com quase tanta verdade que ele.

Precisava começar com algumas amargas, por fidelidade. Algumas abstratas, pra tratar de editar extraditar sumir pra longe tudo o que sentia ressentia aí pressentiria que logo, logo, lógico que ficaria tudo bem. E enfim, bem, no já exilado das angústias, no peneirado das esperanças, no lavado não enxugado dos corações, faltava doce. Chocolate não amargo, açúcar, flor, céu, riso, saudade boa, carinho, manhã, estrela, vó, bolo, dormir. Pela época, também servia Natal, pisca-pisca, FÉRIAS. Tudo o que algum instituto de pesquisa concluísse que podia quem sabe talvez causar algum sorriso colateral bilateral um lado só que fosse. Escrever era talvez a única coisa que lhe preenchesse seu egoísmo e sua necessidade responsabilidade intromissão social, ao mesmo tempo. As letras eram tão boas que nunca salvavam só ele.

Tinha palavra que eu só conhecia com os olhos fechados; outras eram reais demais pra eu enxergar por dentro. Pensei que inspiração talvez fosse lembrar das palavras escuras mesmo quando de olhos abertos. Ou talvez isso seja sonho, sei lá. Mas que é bonito, é.

– Velho encabulado, o que é que há?
– Corre muito, moço, onde é que vai?
– Não me disseram, não, senhor. Só vou.
– E se eu te digo "te aquieta", te aquieta?
– Mas não faz mal?
– Eu que te pergunto: faz?
– Mal por mal, quieto é menos custoso. Fico.

Ali ou lá, o sol se põe do mesmo jeito.

Vocativo, quando cativa, se repete, me acalma, te ecoa;
vai fundo, se instala e me encanta. Não se dizem poesias à toa.

é que eu via muito mais no desavisado das poucas palavras,
no doce de um punhado de letras,
no sonho de qualquer frase. pra mim, linguagem servia pra compartilhar, pra dividir possibilidades, carinhos e histórias. não mais que isso. e aí, quando eu contratava algumas palavras pra trabalhar em uma prova ou em alguma mentira, dava pra ouvi-las resmungar. culpado, eu me deitava e tentava inventar alguma história que convencesse as pessoas sobre o que eu achava das palavras. assim como hoje, não consegui. então o jeito é ir dormir, que amanhã cedinho tem prova.

fé, mãe, pai e colo
mergulhar pro fundo
sem nem preocupar
se ainda vai ter superfície ali
quando o caminho quiser voltar.

a menos
que mude tudo,
vai ser só um
a mais.

contragosto

Em covardia, delego às letras todas as lutas. Deixo fugir a responsabilidade por tê-las, primeiro, existido, antes que ganhassem os cantos por aí. Caladas, no máximo se recusam a virar verso. Ninguém é obrigado a dar risadas pro escuro. Mas de dizer, elas não escapam. Tropeçam numa série de agramáticas assemânticas assintáticas neológicas ou nada, nada lógicas que, na ausência de melhores descritivas, me atendem feito suco quente, café frio, perfume longe. Faz rotina em sopa de letrinhas, e a cada colher engulo aquela necessidade, meio por vício, meio por vácuo. De resto, resto. E imagino se não me existissem palavras. Na presença obrigatória das histórias e da irregularidade provável dos dentes e dos risos, bem possível que eu arranjasse um jeito mais verdadeiro de me escrever.

vem

ele sabia que nem que juntasse as palavras mais bem-sucedidas e mais bem-suscitadas e as enfileirasse numa varanda florida. que nem que o vestido bonito de todas elas rodasse ao mesmo tempo durante o baile. que nem que escrevessem maravilhas-companhias à lua à noite. não seria doce que nem as letras requentadas que lhe vinham de repente de sob o travesseiro. elas fugiam pelos olhos e escorriam pelo cabelo. quando é mesmo pra ser escrita, palavra reza e vem.

ando certo de que,
de certo mesmo,
ainda nada.

Sonhava descobrir que o mundo corria era pra ver mais de perto o sol se por. Sabia que não, mas era a desculpa mais bonita.

ele abre uma frestinha no céu à noite pra ver se tem chuva de cheiro e ver se a lua tá clareando bem. e aí termina com um vento um verso um terço um lençol – pra abençoar e tchau. dar o ok pro alto e refechar o céu.

Dizer era cantar às palavras e esperar as voluntárias.
Muitas vezes soavam as menos prontas, as mais tortas, mas ele sorria a elas e elas sorriam de volta. Ele cuidava das palavras trocadas, e as palavras lhe davam o troco. Vez ou outra, faziam surpresas a ele. Se juntavam do jeito mais bonito que tivessem visto nos livros e nas nuvens, e se ajeitavam em sequência. Ele as dizia com calma, com medo de perdê-las. Tinha gosto de poesia cada vez que uma palavra feliz saía da boca. Ele fechava os olhos e rezava para que alcançassem os mais doces cantinhos. Era uma vontade tão grande, que sempre acabava dando certo.

Menos

Ele se permitiu abaixar o volume e aquietar o excesso de companhia. Escolheu férias de tantas conversas e dos muitos sorrires. Não por já desalegres, mas pois desgastados. E pra preservar-te todos os encantos, por enquanto ele punha em longes cantos tudo além do que o justificava em corpo e mente. E se vivia mais ciente de si. Era como se seus braços mais lhe pertencessem. Suas dores machucassem mais perto. Seus sentimentos compactados cabiam na palma do seu mais compassado e não compassivo coração. Esfriou os riscos de melancolia e guardava a voz para as necessidades e as poesias. Para as rimas muito óbvias, antecipava o fim logo no terceiro verso. Em paz no voar ultra leve, vida era só uma mínima lista.

de noite, ele batia na porta de cada sonho,
procurando algum acordado.

ou outro que, de tão realizado, acordasse só pra recebê-lo e preparar-lhe um chá.

vida podia ser um palíndromo,
que aí quando estivesse toda ao contrário
nem daria pra perceber.

suspeita das palavras.

sob a possibilidade da borracha, do verso e do invento, elas escorrem escolhidas e memoráveis, em clareza literária e perpétua. num quase-balé, leve e evidente. soa majestoso, bem dito. feito banho-tomado, recém-finito. rimado, emoldurável, correto. instituído. um arranjo convencionalmente entendido e harmônico. veem-se nas letras as mais fiéis atrizes. aceita-se um significado eternamente consoante e respeitadamente autoral, feito um filme paquistanês independente. mas se lhe descem o degrau de moldura e formam grito, seja em timbre, seja em tinta, voltam a só boato - sussurrado, raquítico, criptográfico e apoético. covarde e otimista, vou substituir minhas letras por alguns abraços, e ver se meus braços mudos se alfabetizam melhor.

que caiba verde em toda minha melancolia;

sopra embora, em vento, a poeira que rouba
do coração o direito do úmido dos olhos;

deixa em seu lugar só os cheiros de toda flor.
que o pior que eles nos fazem é espirro;

canta de novo, como se eu te escutasse do berço ou do colo;

pousa sobre minha testa alguma certeza,
que supor rumos cansa.

e desentorta as linhas, que desaprendi a ler de ponta-cabeça.

amém.

fim.

convenhamos que uma página para anunciar o fim de um livro não é lá a coisa mais necessária, mas talvez carregue um ar dramático do qual eu não abriria mão. afinal, nunca escrevi um livro antes - então, permita-me o drama.

e já que está aqui, e não lhe resta sequer um poema-saideira para se despedir dessa coleção de palavras, te convido a me dizer, neste mesmo instante, o que é que passeia por seus pensamentos agora que a leitura acabou.
compartilhe um segredo, me conta qual foi sua página preferida, me indique um erro de gramática.

ou se só sentir falta de mais letras, também me procure - tenho aqui mais uma porção delas debaixo do pé de acerola.

⬡ cristianolanda   ⬡ crislanda.cc   ⬡ cristianolandaprado@gmail.com

- editoraletramento
- editoraletramento
- grupoletramento
- casadodireito.com

- editoraletramento.com.br
- company/grupoeditorialletramento
- contato@editoraletramento.com.br
- casadodireitoed
- casadodireito